AF312241

# FAIENCES FRANÇAISES

## Collection de M. B.

# TABLEAUX ANCIENS

# OBJETS D'ART

ET

# D'AMEUBLEMENT

## Collection de M. G.

DÉCEMBRE 1890

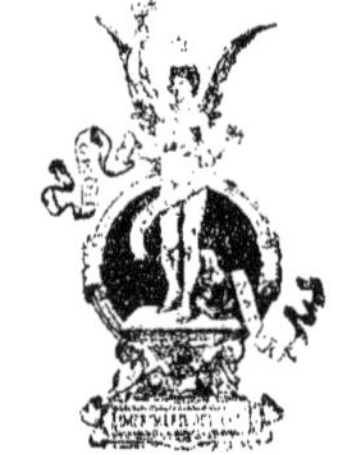

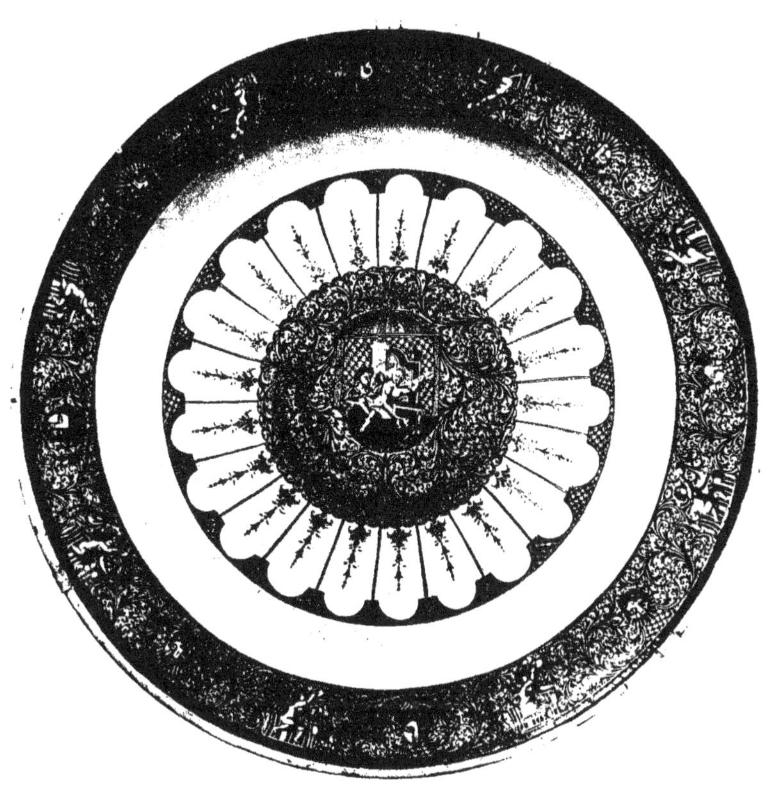

N° 1

# CATALOGUE

DES

# FAIENCES FRANÇAISES

*De Rouen, Nevers, Moustiers, etc.*

PORCELAINES DE SÈVRES ET DE CHANTILLY

DE LA

## COLLECTION DE M. B...

ET DES

# TABLEAUX ANCIENS

Par Berghem, Boilly, Drolling, Hilair, Le Grand, Maas, Mallet, Sprong, Taunay

*La Jeune Fille à l'oiseau*, attribuée à Greuze

### OBJETS D'ART

Porcelaines de Chine

## BRONZES D'AMEUBLEMENT

BELLE PENDULE ET MEUBLES LOUIS XV ET LOUIS XVI

### De la Collection de M. G...

ET DONT LA VENTE AURA LIEU

## HOTEL DROUOT, SALLE N° 8

### Le Jeudi 11 Décembre 1890

A DEUX HEURES

---

| | |
|---|---|
| **Mᵉ PAUL CHEVALLIER** | **M. CHARLES MANNHEIM** |
| COMMISSAIRE-PRISEUR | EXPERT |
| 10, rue de la Grange-Batelière, 10 | 7, rue Saint-Georges, 7 |

---

## EXPOSITION PUBLIQUE

Le Mercredi 10 Décembre 1890, de 1 h. à 5 h. 1/2

# CONDITIONS DE LA VENTE

La vente sera faite au comptant.

Les Acquéreurs paieront, en sus des adjudications, *cinq pour cent*, applicables aux frais.

L'Exposition mettant les acquéreurs à même de se rendre compte de l'état et de la nature des objets, il ne sera admis aucune réclamation une fois l'adjudication prononcée.

Paris. — Imprimerie de l'Art. E. Ménard et Cⁱᵉ, 41, rue de la Victoire.

# PRÉFACE

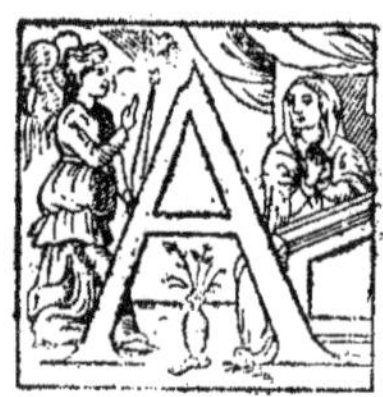

L'INVERSE de d'Antin qui, de tous les courtisans du grand Roi, fut le premier qui « se mit en faïence », au risque d'en « épuiser les boutiques », suivant le dire un peu sarcastique de Saint-Simon, l'un de nos confrères, jadis épris de cette charmante céramique française, se détache jusqu'au prodige de l'objet de ses premiers feux, et livre aujourd'hui aux enchères les reliques d'un passé glorieux.

S'il m'est défendu de dévoiler l'anonyme dont prétend s'entourer le possesseur masqué de ces choses bien choisies, il me sera permis, au moins, de dire qu'il possède la notoriété la mieux établie, la réputation la mieux assise d'un collectionneur émérite et d'un homme de goût fin et délicat.

Si les merveilles de la faïence n'ont plus l'heur de satisfaire les préférences affinées du curieux qui inclinent, depuis quelques années, vers l'art plus sévère du Moyen-Age et la poursuite des œuvres les plus exquises de la Renaissance, faisons notre profit, nous autres faïençomanes, de cette aubaine qui nous arrive, et examinons, dans ses diverses parties, le lot précieux qui nous est présenté.

Cette réunion de faïences, où le Rouen brille du plus vif éclat, est surtout remarquable par le grand nombre de pièces blasonnées qu'elle renferme : elle est, à ce point de vue, le post-scriptum et le complément de la collection héraldique du marquis d'Iquelon, qui fut vendue ici même, avec un vrai succès, au mois d'avril 1889. On y trouve aussi des pièces aux armes de la maison royale de France et de ses alliés : les plus grands noms de la monarchie, les Montmorency, les Richelieu, les Duras, les Condé se retrouvent sur nombre de spécimens, qui seront reconnus au passage et salués avec la déférence qui leur est due.

Car, il ne faut pas l'oublier, le duc d'Antin, s'il donna le premier l'exemple de sa soumission à l'édit somptuaire proscrivant la destruction de l'argenterie, fut, sans retard, imité par les chefs des plus grandes familles de la noblesse française. L'ordre parti d'en haut fut ponctuellement obéi, et Louis XIV regretta plus tard, avec amertume, de l'avoir donné. C'est ainsi que disparurent les merveilleuses orfèvreries de Claude Ballin, de Pierre Germain et de tant d'autres artistes incomparables ; c'est ainsi que furent fondus les balustres, cabinets, tables, miroirs, chenets, grilles, garnitures de feu et de cheminée, torchères, girandoles, paniers, caisses d'orangers, pots à fleurs, buires, seaux, marmites, et « tous autres ouvrages de pareille qualité d'argent », dont parle l'ordonnance de 1700.

La noblesse trouva alors à Rouen, dans la fabrique de Poterat, le moyen économique de faire revivre, sur sa vaisselle, l'éclat de ses couronnes et l'orgueil de ses blasons, et un émail fragile sera devenu, pour la gloire de ces familles historiques, plus puissant que le plus précieux métal. La plus grande partie des faïences que nous avons sous les yeux procèdent de cette mesure somptuaire et émanent de cette époque de transformation.

Il faut citer, en première ligne, ces deux beaux plats (n<sup>os</sup> 2 et 3), qui appartiennent incontestablement au commencement du xviii<sup>e</sup> siècle, et que « l'austère Port-Royal n'eût point désavoués », suivant l'heureuse expression de Champfleury. Une grande tenue, un sentiment profond d'austérité et de grandeur se dégagent de leur ordonnance magistrale : on peut les classer, avec raison, parmi les meilleures pièces sorties des ateliers de Louis Poterat.

Une très remarquable et précieuse potiche est celle (n° 61) qui porte, avec les fleurs de lis de France, les armes de la maison d'Orléans, et les P P qui sont la marque du Régent. — Est-elle française ? — Est-elle étrangère ? — Elle ressemble, en tout cas, étonnamment, comme facture, à deux plats aux armes de Colbert, qui sont entrés depuis bien des années au Musée de Sèvres, et qu'on a considérés comme des échantillons présentés par Claude Révérend au grand ministre, lorsqu'il sollicitait le privilège qui porte la date de 1664 ; privilège, on le sait, qui l'autorisait à fabriquer à Paris une certaine faïence fine, qu'il se contentait d'introduire de Hollande sous le couvert de cette concession. Même blancheur dans le fond, même indécision dans le décor ; on sent que le peintre n'est pas en pleine possession de ses moyens, qu'il cherche un style, qu'il s'inspire tout à la fois de l'Orient et de Delft ; mais quelle ampleur dans le résultat et quelle allure dans l'ensemble ! Les armes de Philippe d'Orléans, son monogramme, le manteau de prince du sang, les deux colliers des ordres de Saint-Michel et du Saint-Esprit, voilà des éléments qui, bien mis au point, font surgir, dans le lointain des souvenirs, de hautes gloires disparues.

Aux Montmorency-Luxembourg appartient un récipient destiné à la confection du beurre, d'un archaïsme très distingué dans sa simplicité voulue (n° 14). A côté de ces échantillons d'âge primitif, il convient de ranger aussi un seau (n° 15), aux armes des Poterat, et un rouleau sobrement décoré d'un chiffre compliqué surmonté d'une couronne ducale (n° 17).

Les Poterat, ces illustres faïenciers rouennais, peuvent également revendiquer la belle assiette rayonnante (n° 24), en tout semblable à celle qui obtint une si légitime admiration lors de la vente d'Iquelon : elle porte leurs armes et a été faite pour eux-mêmes. C'est à leurs premiers essais qu'il faut restituer aussi deux sucriers à poudre d'une exécution primordiale (n°ˢ 21 et 22), dont le blason constitue la seule ornementation, et qui peuvent être reportés à la période comprise entre 1647 et la fin du xviie siècle.

Faisons un large pas en avant et arrivons, pour l'admirer sans réserve, à l'un des plus élégants produits de l'art de Rouen vers 1730, la fontaine à décor monochrome (n° 6), où nous lisons les noms de ses propriétaires : La Ramisse et Gravelle de Fontaine. Le premier fut l'un des membres de cette famille bourguignonne dont était Jacques de La Ramisse, élu du Tiers-État aux États de Bourgogne en 1704 ; l'un des seconds appartint au Parlement de Normandie. Dans sa simplicité monastique, voilà une assiette (n° 23), qui doit arrêter aussi l'attention ! Elle porte l'écusson de Claude-Thérèse-Suzanne de Durfort de Lorges et de Duras, fille du maréchal et belle-sœur du duc de Saint-Simon. A la cour elle préféra l'austérité du cloître, et termina ses jours vers 1740, abbesse de Saint-Amand de Rouen, asile pieux des filles de la plus haute condition.

Une petite soupière à couvercle (n° 11), à décor de lambrequins, est un échantillon superbe ; le grand plateau (n° 13) carré, très décoratif, a constitué un dessus de table de toilette original, quand il était inséré dans une sobre bordure de chêne, sa destination ordinaire au dernier siècle.

Tel est le groupe de Rouen dans ses produits d'élite, et pourtant il nous reste encore à citer. Que dire de ce plat resplendissant (n° 1), le type le plus étrange de la fabrique de Rouen à son apogée, si admiré dans plus d'une exhibition, si connu des amateurs spéciaux sous le nom de « plat de Vincennes » ? Car il est ici cet admirable morceau, que voudront se disputer les collectionneurs et les musées.

Son achat a pris les proportions d'une légende qui, toute connue qu'elle soit, a lieu d'être ici racontée.

Vers 1855, un de nos statuaires les plus connus avait trouvé à Vincennes, chez un marchand de chiffons en gros, ce plat extraordinaire dont on lui demandait la somme, alors inusitée, de 500 francs. Quand il les eut recueillis, il s'empressa d'aller frapper à la porte du possesseur. Peine perdue, l'objet n'était plus à vendre. Ce que souffrit le cœur ulcéré du collectionneur, chacun de nous le ressentira en faisant un retour sur lui-même. Démarches, sollicitations, tout restait vain. Ce fut, pendant quelques années, un pèlerinage à peu près régulier de tous les « chineurs » parisiens dans le voisinage du donjon de Vincennes. Le plat montait toujours, car à chaque visiteur importun, on jetait à la face un prix dérisoire, soi-disant offert par un concurrent éconduit.

Tout finit pourtant en ce monde. Vers la fin du second Empire, le lendemain d'une algarade des fameuses blouses blanches, la capitulation se fit, et notre confrère enleva, à la faveur d'une argumentation serrée sur les périls courus par les objets fragiles en temps de révolution, appuyée d'autre part sur un nombre respectable de billets de la Banque de France, ce plat merveilleux qui serait unique si, dans ses souvenirs de famille, M. le baron Gustave de Rothschild ne possédait l'*alter ego*.

Si l'on a pu dire, dans l'ordre littéraire :

Un sonnet sans défaut vaut seul un long poème,

le voilà, dans le cercle de la céramique rouennaise, le sonnet sans défaut, véritable couronnement de l'édifice magistral, élevé par les grands collectionneurs et les musées à la gloire de notre faïence. Toute description serait superflue et mieux vaut renvoyer le lecteur à l'examen de la planche qui accompagne le présent catalogue ; s'ils n'y trouvent pas les colorations en violet du modèle, au moins les lignes savantes de cette composition lui rappelleront-elles la beauté de l'objet déjà vu dans maintes expositions fameuses. Il est à désirer que ce rarissime plat vienne prendre, au musée de Rouen, la place qui lui est due ; car il donne la note la plus éclatante de la fabrication locale.

Il serait injuste et discourtois de ne point rendre hommage aux beaux échantillons des fabriques françaises ou étrangères que renferme encore cette collection.

Un grand vase de pharmacie (n° 50), aux anses formées par des serpents, montre les armes de France et de Navarre, tracées fermement en jaune dans une ornementation inspirée de l'art italien.

Nevers est dignement représenté par la belle gourde de sa première époque (n° 49), qui trahit si bien l'origine italienne de ses faïenciers, et par un pot (n° 51), fond bleu, aux armes de France ; Moustiers, par deux fines assiettes (n°ˢ 59 et 60), à celles des Richelieu ; et par deux plats oblongs et creux (n°ˢ 53, 54), timbrés d'un fastueux blason épiscopal.

La porcelaine tendre, non plus, n'est pas oubliée.
De Chantilly, nous mentionnerons deux seaux (n° 64), aux armes du prince de Condé, et aussi la paire (n° 65), avec chiffre en fleurs, provenant du mobilier de Villers-Cotterets, accompagnée de quatre assiettes (n° 66 à 69), qui ont la même provenance et présentent les mêmes caractères d'ornementation.

En somme, toute cette réunion de céramiques est du plus grand intérêt : il nous a bien fallu dire qu'elle se recommande par son authenticité et ses origines, puisque celui qui l'a formée n'a pas voulu, — ce qui eût pourtant constitué le meilleur éloge, — qu'elle se recommandât de son nom.

GUSTAVE GOUELLAIN.

# DÉSIGNATION DES OBJETS

## PREMIÈRE PARTIE

## FAIENCES FRANÇAISES
### PORCELAINES
De la Collection de M. B...

### FAIENCES DE ROUEN

— GRAND ET TRÈS BEAU PLAT d'ancienne faïence de Rouen à décor bleu, orangé et jaune clair. Au centre, deux figurines d'amours peints en camaïeu jaune occupent le milieu d'une grande rosace fond bleu, chargée de nielles orangés et dont le tour est orné de fleurons radiés, sous des arcades quadrillées. Le marli à fond bleu, comme celui de la rosace, est aussi couvert de délicats ornements orangés et présente des figurines d'enfants Bacchus assis sur des tonnelets et alternant avec des mascarons en camaïeu jaune d'ocre.

On ne connaît que deux plats de cette nature ; le second se trouve dans la collection de M. le baron Gustave de Rothschild.

Diam., 56 cent.

2-3 — DEUX GRANDS PLATS d'ancienne faïence de Rouen, décorés, en bleu sur fond blanc, d'armoiries d'alliance, timbrées d'une couronne de marquis, ayant deux lions pour supports et inscrites dans un cercle entouré d'ornements contournés en lambrequin à chevrons et rinceaux. Une large bordure d'ornementation analogue décore le marli.

Diam., 55 cent.

— GRAND PLAT d'ancienne faïence de Rouen à riche décor, bleu sur émail blanc, offrant, au centre, une étoile environnée de fleurons, de vases et de rinceaux radiés et, au marli, une large bordure d'ornements et de festons.

Diam., 55 cent.

5 — Plat long et octogone à bords godronnés, décoré en bleu, au fond, de blasons accolés et timbrés d'une couronne ; au marli, d'une bande de rinceaux et de quadrillés.

Long., 60 cent.

6 — Fontaine à riche décor en bleu offrant, sur la face, un double blason (celui de la Ramisse et Gravelle de Fontaine) encadré de colonnes et de bordures à rinceaux, coquilles et guirlandes ; la base, légèrement renflée, figure une arcature.

Haut., 55 cent.

7 — Belle aiguière forme casque en ancienne faïence de Rouen, à riches dessins polychromes, rinceaux, quadrillés et guirlandes de fleurs.

8 — Grande et belle fontaine en ancienne faïence de Rouen à riches ornements se détachant en bleu sur fond blanc. Au centre se trouve un double écusson accompagné de deux lions et surmonté d'une couronne de marquis.

9 — Belle corbeille à bords festonnés en ancienne faïence de Rouen, décor polychrome. Le marli est orné de guirlandes et de rinceaux ; au centre, une corbeille de fleurs.

10 — Très jolie sucrière en ancienne faïence de Rouen blanc et bleu, ornée de riches rinceaux et, au centre, d'un écusson timbré d'une couronne de comte.

11 — Très joli petit pot de forme ronde à couvercle, en ancienne faïence de Rouen. Le pourtour est orné de rinceaux et de guirlandes de fleurs de la plus grande finesse d'exécution.

12 — Joli plateau octogone en ancienne faïence de Rouen à décor polychrome. Le fond représente un sujet chinois avec personnages et animaux.

13 — Grand et beau plateau de forme carrée en ancienne faïence de Rouen blanc et bleu, portant, au centre, un écusson timbré d'un casque. Le bord est richement orné de rinceaux et de quatre corbeilles de fleurs.

Larg., 70 cent.; haut., 50 cent.

14 — Pot a beurre de forme conique et muni de deux petits ailerons en guise d'anses ; il est décoré, en bleu, de ceintures d'ornements et des armes de Montmorency-Luxembourg.

Haut., 21 cent.

15 — **Jardinière** cylindrique et côtelée munie de deux oreilles godronnées, décor bleu à lambrequins avec, sur chaque face, les armes des Poterat.

*Habert*

Haut., 16 cent.

16 — **Seau** à base arrondie et godronnée, orné d'une ceinture de fleurons gaufrés en relief, placée entre deux bandes d'ornements peints en bleu ; il est muni de deux anses cordelées mouchetées de bleu.

Haut., 17 cent.

17 — **Vase-rouleau** à décor bleu, offrant un chiffre compliqué, surmonté d'une couronne ducale et, en bas, deux zones d'ornements.

Haut., 26 cent.

18 — **Petit bassin** ovale à pourtour vertical, parsemé de fleurs de lis et offrant une croix fleuronnée dans un médaillon ovale. Il est muni de deux anses cordelées.

19 — **Compotier** octogone d'ancienne faïence de Rouen, offrant, au centre, une armoirie en camaïeu bleu et, sur les bords, des compartiments quadrillés vert et à demi-fleurons rouges et bleus, alternant avec des réserves à fleurs polychromes.

20 — **Compotier** côtelé et à bords festonnés, décoré en bleu : au centre, une corbeille fleurie ; sur le bord, une armoirie et une bande de rinceaux et de fleurons.

21-22 — **Deux sucrières** à couvercles dômés et ajourés, décorées, en bleu, d'une armoirie.

23 — **Assiette** à décor bleu : au centre, les armes de Claude-Thérèse-Suzanne de Durfort, de Lorges et de Duras, abbesse de Saint-Amand.

*Habert*

24 — **Belle assiette** à riche décor bleu formé d'une large bordure de rinceaux délicats et de guirlandes, encadrant les armes des Poterat qui ornent le centre de la pièce. *Habert*

25-26 — **Deux assiettes** à décor bleu ; au fond, une armoirie, sur le bord, une bande étroite, quadrillés et demi-fleurons.

27 — **Assiette** à bords festonnés, décorée en bleu ; au fond, une armoirie ; au marli, des cartouches quadrillés, reliés par des guirlandes.

**28** — Assiette à décor bleu ; au fond, une armoirie ayant des lions pour supports ; au bord, une bande d'ornements.

**29-30** — Deux assiettes à bords festonnés, décor polychrome, armoiries et bordure de fleurs, de feuillages et de rinceaux partiellement pointillée et quadrillée.

**31** — Assiette à décor bleu et jaune clair ; au centre, un écusson fleurdelisé et timbré de la couronne royale ; au marli, une bordure en lambrequin.

**32** — Assiette à décor polychrome ; au centre, un chiffre sommé d'une couronne ; sur le bord, des branchages.

**33** — Assiette décorée en bleu ; au fond, d'un médaillon contenant un vaisseau supporté par deux lions et timbré d'un cimier ; au bord, d'une bande de rinceaux interrompue par des réserves.

**34** — Assiette à décor bleu ; au centre, une licorne dans un médaillon surmonté d'un casque grillé ; au marli, une bordure de rinceaux.

**35-36** — Deux assiettes à bords festonnés, décorées en bleu ; au fond, blasons accolés timbrés d'une couronne fleuronnée ; sur le bord, une bande étroite à quadrillés et demi-fleurons.

**37** — Assiette décorée en bleu ; au centre, d'une armoirie timbrée d'une couronne comtale ; au marli, d'une large bordure de rinceaux.

**38 à 48** — Onze assiettes en ancienne faïence de Rouen, de Lille, d'Arras, décorées en bleu et toutes à armoiries.

# FAIENCES DE NEVERS

**49** — Grande et belle gourde à deux renflements, d'ancienne faïence de Nevers, à décor polychrome dans le style italien. La partie inférieure du vase, de forme sphérique, est décorée de tritons, de néréides, d'un centaure, de dauphins ressortant sur un fond bleu simulant les flots de la mer, avec, dans l'éloignement, des motifs de paysages. D'autres paysages avec groupes de maisonnettes sont peints sur la partie supérieure.

*Haut., 45 cent.*

50 — **Grand vase** de pharmacie en faïence de Nevers, muni de deux anses serpents et à culot godronné ; il montre dans une réserve ovale les armes de France et de Navarre en émaux de couleurs, et est complétement décoré, en camaïeu bleu, d'oiseaux, d'animaux et de rinceaux fleuris, dans le style italien.

Haut., 35 cent.

51 — **Joli pichet** en ancienne faïence de Nevers, fond gros bleu à dessins de fleurs blancs et jaunes au milieu desquels se détache un écusson aux armes de France.

52 — **Deux pots de laiterie**; fond violet de manganèse poudré avec réserve lobée contenant les armes des princes de Condé, relevées d'émail jaune.

## FAIENCES DE MOUSTIERS

53-54 — **Deux plats** longs à bords contournés, en ancienne faïence de Moustiers à décor bleu : armoiries épiscopales, cariatides, sphinx et ornements dans le goût de Bérain.

Long., 39 cent.

55 — **Assiette** à bords contournés, en ancienne faïence de Moustiers ; décor polychrome : au fond, une armoirie; au marli, six motifs de rocailles et de branchages.

56 — **Assiette** en ancienne faïence de Moustiers, à décor bleu : armoirie au centre, bordure de rinceaux au marli.

57 — **Mortier** en ancienne faïence de Moustiers, à décor bleu : armoiries d'alliance, bustes et rinceaux délicats ; il est garni en manière d'anses de deux mascarons faunesques, en relief, relevés de bleu.

58 — **Mortier** en ancienne faïence de Moustiers, à décor bleu : armoirie, rinceaux, sphinx ; sur les côtés, deux mascarons en relief.

59-60 — **Deux assiettes** en ancienne faïence de Moustiers, décorées en bleu ; sur le marli, les armes du duc de Richelieu, et une bordure de rinceaux déliés et de guirlandes.

## FAÏENCES DE DELFT

61 — BEAU ET GRAND VASE couvert, de forme ovoïde et à section octogonale, en ancienne faïence de Delft, d'un riche décor bleu sur blanc, composé de figures, d'arbres et de lambrequins dans le goût chinois. Sur chacune des deux faces, au milieu de la panse, sont peintes les armoiries de la maison d'Orléans de France, et dans le lambrequin supérieur, la fleur de lis et le chiffre P P qui est la marque du Régent, timbrés de la couronne fleuronnée.

Pièce rare et de belle qualité.

Haut., 65 cent.

62 — BURETTE A PANS en ancienne faïence de Delft, décorée en bleu ; armoiries, bouquets, bordures à fleurons et treillis.

63 — PETIT BUSTE DE SAINTE FEMME, supporté par quatre lions couchés, en terre de Lorraine à couverte jaunâtre. Reproduction d'un chef du XVI<sup>e</sup> siècle.

## PORCELAINES DE SÈVRES ET DE CHANTILLY

64 — DEUX SEAUX en ancienne porcelaine tendre de Chantilly, décorés en bleu et aux armes des princes de Condé.

Haut., 18 cent.

65 — DEUX SEAUX en ancienne porcelaine tendre de Chantilly, décorés en bleu du chiffre royal tracé par des fleurs et de gracieux festons suspendus par des rubans. Ils proviennent du mobilier de Villers-Cotterets.

Haut., 17 cent.

66 à 69 — QUATRE ASSIETTES en ancienne porcelaine tendre de Chantilly, de même décor et de même provenance que les seaux qui précèdent.

70 — PLATEAU A BONBONS de forme contournée et sur piédouche, en vieux Sèvres, pâte tendre, décoré en dorure, au fond, d'une armoirie, et, sur les bords, d'une fine dentelle de rinceaux, quadrillés et picots.

71 — Petite tasse droite et soucoupe de vieux Sèvres, pâte tendre, décorées d'un semis de roses entre deux couronnes de feuillages.

72 — Deux vases forme Médicis, en porcelaine de Sèvres, du temps de la Restauration, à décor de palmettes, festons et entrelacs, or et argent, sur fond gros bleu.

Haut., 32 cent.

---

## DEUXIEME PARTIE

# TABLEAUX ANCIENS

## OBJETS D'ART, PORCELAINES, BRONZES, MEUBLES

### De la Collection de M. G...

---

# TABLEAUX ANCIENS

---

## BERGHEM

**(N.)**

*330* — *La Bohémienne,*

Dans une grotte, un mousquetaire, montant un cheval blanc, cause avec une bohémienne. Six autres figures complètent cette composition d'une belle facture et portant la signature du maître.

Bois. Haut., 30 cent.; larg., 24 cent.

## BLOEMEN

**(PIERRE VAN)**

*75* — *Le Manège.*

Toile. Haut., 32 cent.; larg., 40 cent.

## BOILLY

**(L. L.)**

*75* — *La Bonne Mère.*

Entourée de ses trois enfants, une fillette et deux garçons dont l'un a saisi un serin dans une cage, la jeune mère, vêtue d'un fichu gris, d'une jupe rouge et d'un tablier blanc, est assise et souffle le feu d'un petit fourneau de terre sur lequel chauffe une casserole. Par terre, divers ustensiles de ménage.

Agréable petit tableau, signé en toutes lettres.

Haut., 22 cent.; larg., 16 cent.

# DOW

(D'après GÉRARD)

*76 — Le Trompette.*

Jeune homme en riche pourpoint orangé à taillades, coiffé d'un feutre à plumes et sonnant de la trompette, dans l'ouverture d'une fenêtre drapée d'un rideau bleu brodé d'argent. Sur l'appui de la fenêtre se voient une aiguière dans son bassin et un magnifique tapis d'Orient qui retombe extérieurement, cachant en partie un bas-relief : jeux d'enfants, sculpté sur la muraille. Au fond de la pièce, deux hommes avec deux femmes à table et une servante.

Agréable peinture, d'un fini précieux et de mêmes dimensions que le célèbre tableau du musée du Louvre.

Bois. Haut., 38 cent.; larg., 29 cent.

# DROLLING

(MARTIN)

*77 — Fête publique.*

Distribution de vin à l'entrée des Champs-Élysées. Nombreuses figures ; au second plan, la place de la Concorde et le jardin des Tuileries.

Signé et daté 1817.

Haut., 28 cent., larg., 32 cent.

# GREUZE

(Attribué à J. B.)

*78 — La Jeune Fille à l'oiseau.*

C'est une jolie blonde vue de face, des fleurs des champs piquées dans les cheveux, vêtue d'un peignoir blanc entouré aux épaules d'un fichu jaunâtre laissant la gorge à découvert. Elle est accoudée sur un bureau de bois rose et donne la becquée à un petit serin.

Ce ravissant portrait passe pour être celui de M^lle Anna Greuze, la fille du peintre.

Toile ovale. Haut., 62 cent.; larg., 53 cent.

# HILAIR

*79 — La Lecture.*

Jeune dame en élégante toilette du temps de Louis XVI, rose et blanche, avec chapeau à bords ondulés, garni de plumes noires et rubans blancs. Elle est assise dans un parc, un livre ouvert sur les genoux.

Charmant petit tableau légèrement peint et d'une coloration très délicate. Signé.

Haut., 15 cent.; larg., 22 cent.

# HONDEKOETER

(G.)

*80 — Oiseaux de basse-cour.*

# LE GRAND

*81 — Portrait de M*<sup>me</sup> *Vaselle, célèbre actrice du siècle dernier.*

Représentée en buste, presque de face, coiffée en cheveux, drapée dans un manteau de velours bleu, laissant voir la garniture de dentelle blanche du corsage.

Agréable portrait. Signé et daté 1788.

Toile ovale. Haut., 62 cent.; larg., 52 cent.

# LE GRAND

*82 — Portrait de Vaselle, comédien.*

Vu de face, en buste, souriant, les cheveux poudrés, en habit vert, la chemise entr'ouverte au cou.

Pendant du précédent. Signé et daté.

Toile ovale. Haut., 62 cent.; larg., 52 cent.

## LENAIN (?)

*83 — Portrait d'un seigneur, époque Louis XIV.*

Dessin au crayon noir.

## MAAS

*84 — Portrait d'un gentilhomme.*

En robe de chambre, portant une perruque blonde, il est accoudé sur le piédestal d'une colonne, dans un parc.

Toile. Haut., 45 cent.; larg., 38 cent.

## MALLET

*85 — Scène d'intérieur à trois personnages.*

Tableau signé en bas, à gauche.

Bois. Haut., 25 cent.; larg., 33 cent.

## SCHALKEN

(GODEFROY)

*86 — Portrait de jeune fille.*

Représentée en bergère, la houlette sur l'épaule, à mi-corps, vêtue d'une robe verte à ramages et d'une écharpe de soie grise; elle est coiffée d'un chapeau de paille orné de fleurs des champs.

Bois. Haut., 20 cent.; larg., 18 cent.

# SPRONCK

## (G.)

### 87 — *Portrait d'homme.*

A mi-corps, imberbe, la main gauche sur la hanche, tenant son feutre de la main droite, il est vu de trois quarts, ses longs cheveux flottant sur les épaules. Il a un col rabattu bordé de guipure et un pourpoint gris garni de petits boutons.

Signé.

Haut., 36 cent.; larg., 28 cent.

# TAUNAY

## (N. A.)

### 88 — *Paysage des Alpes.*

Dans un site abrupt, au bord d'un torrent, un homme montant un cheval blanc s'est arrêté pour causer avec une jeune fille qui porte une amphore. Au loin, des constructions au sommet d'une montagne.

Bon tableau de l'artiste. Signé à droite.

Bois. Haut., 36 cent.; larg., 27 cent.

# TERBURG

## (Attribué à GÉRARD)

### 89 — *Militaire offrant des pièces d'or à une jeune femme.*

Dans un intérieur hollandais, un militaire assis, portant une cuirasse et des bottes à entonnoir, a dans la main des pièces d'or que regarde une jeune dame vêtue de velours et de satin, assise auprès d'une table, tenant une coupe et une aiguière.

Remarquable répétition du tableau du musée du Louvre.

Haut., 30 cent.; larg., 23 cent.

# OBJETS D'ART

90 — TERRE CUITE, par Marin (signée) : jolie statuette de femme debout, drapée à l'antique, couronnée de laurier et portant une amphore de la main droite.

Haut., 43 cent.

91 — HERCULE ET ANTÉE, groupe en bronze à patine brune du XVIIe siècle, élevé sur socle circulaire à gorge, en marbre.

Hauteur totale, 55 cent.

92 — GRANDE MINIATURE RECTANGULAIRE : Portrait de la princesse de Liéven, représentée à mi-jambes, en robe rose décolletée et sans manches, assise sur un sopha de velours jaune.

# PORCELAINES

93 — DEUX PETITS VASES de forme ovoïde, en vieux Chine, à décor, en bleu sur émail blanc, de vases et d'objets mobiliers entre deux zones de lambrequins. Jolie qualité. Socles et couvercles en bronze ciselé et doré. Collection Montebello.

Haut., 28 cent.

94 — DEUX VASES de forme ovoïde en vieux Chine, décorés, haut et bas, de zones à rinceaux et carrelages en émaux de couleurs sur fond rouge de cuivre ; socles et couvercles en bronze doré. Collection Montebello.

95 — DEUX PETITS CACHE-POTS à oreilles en vieux Chine, de la famille verte, décorés d'oiseaux et d'arbustes à fleurs. Collection Montebello.

96 — DEUX PETITS VASES ovoïdes et à cols évasés, en porcelaine de Chine, émaillée rouge haricot, avec collerettes et socles à tores de laurier en bronze doré. Collection Montebello.

97-98 — QUATRE PETITS VASES, potiches allongées, en céladon fleuri, à décor d'oiseaux et de plantes en bleu foncé, rouge de fer et blanc sur fond bleu d'empois. Ils forment flambeaux à l'aide d'une monture de bronze ciselé et doré. Collection Montebello.

Haut., 26 et 24 cent.

99 — DEUX FIGURINES D'ENFANTS en ancien biscuit de Sèvres : petit jardinier les mains jointes et fillette portant des fruits dans son tablier.

# BRONZES D'AMEUBLEMENT

**100** — TRÈS BELLE PENDULE de l'époque Louis XV, en bronze ciselé et doré. Le cadran, au nom de Charles Le Roy, à Paris, est surmonté d'attributs des sciences, sphère, compas, etc., et supporté par un groupe de deux figures de bronze à patine verte, Hercule et le Temps, assis sur un socle de bronze doré, orné de boucles fleuronnées et reposant sur une plinthe à mascarons et rosaces, élevée sur boules.
Jolie pièce d'un modèle rare et d'une exécution remarquable.

*Haut., 48 cent.; larg., 36 cent.*

**101** — DEUX APPLIQUES Louis XVI à deux lumières chacune, en bronze ciselé et doré; modèle à gaine cannelée, tête de bélier, vase et guirlandes de chêne.

*Haut., 50 cent.*

**102** — PETIT LUSTRE de bronze doré, de style Louis XIV, à huit lumières, d'un élégant modèle à consoles, mascarons, têtes de bélier, etc. La tige, surmontée d'un beau vase flanqué de cariatides, se termine à sa partie inférieure par une forte graine.

*Haut., 80 cent.*

**103** — DEUX GIRANDOLES en bronze doré à trois lumières feuillagées et à godrons, dont les branches s'accotent sur une gaine triangulaire et cannelée, surmontée d'un vase flanqué de trois consoles et élevée sur un pied à feuilles d'eau et à ressauts.

**104** — GRANDE ET BELLE GARNITURE DE CHEMINÉE de style Louis XVI : pendule et candélabres en bronze ciselé et doré, à figures d'enfants en bronze vert, avec socles en marbre griotte.

La pendule repose sur un fût enguirlandé et l'Amour soulève la draperie qui voilait le cadran.

Les candélabres sont formés de bouquets de lis portés par des amours debout sur des socles en marbre griotte ornés de draperies et ceints de tores de laurier en bronze doré.

*Pendule : haut., 55 cent.*
*Candélabres : haut., 90 cent.*

**105** — PAIRE DE GIRANDOLES à trois lumières, d'un charmant modèle de style Louis XVI; à branches contournées, feuillagées et ornées de graines surmontant des flambeaux cannelés et décorés de grecques, de boucles et de guirlandes.

*Haut., 39 cent.*

106 — Deux flambeaux de même modèle que les girandoles qui précèdent.

107 — Deux candélabres en bronze doré de style Louis XVI, formés de vases richement ornés d'où s'échappent des bouquets de lis à six lumières.

Haut., 85 cent.

108 — Deux girandoles à trois lumières chacune, en bronze argenté, modèle à rinceaux contournés et rocailles.

109 — Deux flambeaux de bronze argenté d'une riche ornementation consistant en rinceaux, feuillages et canaux.

110 — Deux bras-appliques, modèle rocaille, à deux lumières en bronze ciselé et doré.

# MEUBLES

111 — Jolie table de toilette ou liseuse de forme contournée en bois rose, de l'époque Louis XV; la partie supérieure, qui s'emboîte sur la table, est mobile et forme une deuxième petite table à pieds bas et à pupitre, disposée pour la lecture au lit.

Le dessus est orné de branchages et de rinceaux en marqueterie de bois de couleur foncée.

Long., 65 cent.

112 — Table a ouvrage dite tricoteuse en marqueterie de bois de couleurs à treillis et pois sur fond de citronnier; les deux supports, en forme de lyres, sont reliés à leurs bases par une tablette d'entrejambes. Époque Louis XVI.

Haut., 72 cent.; long., 74 cent.

113 — Jolie petite table de dame en bois rose et marqueterie, à décor de fleurons inscrits dans un treillis. La ceinture de la table, de forme ovale, à tablettes rentrantes et à tiroir latéral, porte sur quatre pieds légèrement arqués et réunis en bas par une tablette réniforme. Dessus de marbre blanc, bordé d'une galerie de cuivre. Époque Louis XVI.

Haut., 70 cent.; grand diam., 55 cent.

114 — Joli **bureau** à cylindre en acajou, sur pieds cannelés et à casier supérieur surmonté d'une tablette de marbre blanc que borde une galerie de cuivre.

Long., 1 m. 25 cent.

115 — Beau **secrétaire** de la fin du XVIII° siècle, à colonnes d'angles détachées, en bois d'acajou incrusté de filets et décoré de baguettes en cuivre. L'abattant et les deux vantaux, au-dessous, découvrent de nombreux tiroirs et réduits. Tablette de marbre noir.

Haut., 1 m. 44 cent.; long., 1 m. 10 cent.

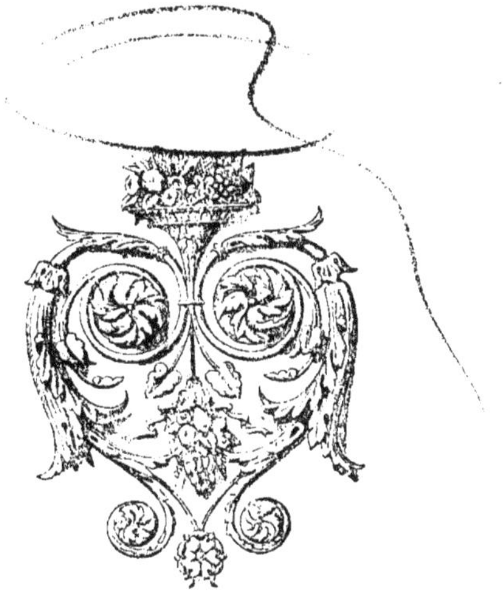

www.ingramcontent.com/pod-product-compliance
Ingram Content Group UK Ltd.
Pitfield, Milton Keynes, MK11 3LW, UK
UKHW031724170726
13836UKWH00001B/416